THIS BOOK BELONGS TO :

____

LETTER A
Word scramble

pelpa	⬜⬜⬜⬜⬜
mublaanec	⬜⬜⬜⬜⬜⬜⬜⬜⬜
trcao	⬜⬜⬜⬜⬜
nta	⬜⬜⬜
triclea	⬜⬜⬜⬜⬜⬜⬜
praatnmet	⬜⬜⬜⬜⬜⬜⬜⬜⬜
iralpnae	⬜⬜⬜⬜⬜⬜⬜⬜
diccnate	⬜⬜⬜⬜⬜⬜⬜⬜
niamlsa	⬜⬜⬜⬜⬜⬜⬜
mra	⬜⬜⬜

Word List

Actor	Air plane	Accident
Arm	Animals	Apple
Ambulance	Ant	Article
Apartment		

LETTER A

Word search

```
A P P L E G H X Z T U I O K N
N Q G J O M P T Y F E C Y S B
B Y X A P A R T M E N T X E S
D X F Y J C K O M P V G E Z A
D G T H J T I I K K L O N C X
A D E S W O T H U K I N L O M
N M Y D A R T I C L E E A S W
I C E T G B S Z Q T Q Q M R Q
M S D Z F X T Y U J K N B G M
A I R P L A N E B R D C U S Y
L U R F S A F G H J Y T L R H
S H T Y U A F D V H T R A E Z
Z Z F H N J K O P P M L N T U
U I O T P P P O J G R T C E D
F G Y J U I K A C C I D E N T
```

Word List

Actor	Air plane	Accident
Arm	Animals	Apple
Ambulance	Ant	Article
Apartment		

LETTER A

Coloring Page

LETTER B

Word scramble

lckba

tuterlyfb

ybba

agb

cycilbe

nnaaba

llba

ookb

usb

ribd

Word List

Black Banana Butterfly

Bird Bag Bicycle

Ball Baby Book

Bus

LETTER B

Word search

B A L L Z X W T U O L C S S Q
F F Y U I O P O I I H U T F A
S D F G B X V V B D B D D D E
F R T Y A D G G H J K L M N B
N Y U T N T B R E Z S Y Y U I
U I I Y A H I G V C X W A Z R
E R T Y N U C Y F D S C X X D
X Z E B A B Y R T Y B U I O P
P P P O I U C G V C A O S Z Q
S D F C V B L X W C G X O D D
D F T G H N E B J K I O I K I
I Y E Z Q F G H Y U I O P U T
T G B U T T E R F L Y F G H J
J K I U Y T R E Z A Q S D E R
R T Y G F D B L A C K S D Z D

Word List

Black	Banana	Butterfly
Bird	Bag	Bicycle
Ball	Baby	Book
Bus		

LETTER B

Coloring Page

LETTER C
Word scramble

racih

cohlocaet

dleacn

atc

terompcu

ucumbcre

lcoors

tiyc

mecla

koco

Word List

Cook   Camel   Colors

Candle   City   Chocolate

Cat   Cucumber   Computer

Chair

LETTER C

Word search

C B L L Z X W T U O L C S S Q
O C A N D L E N V C S H E F C
M A C V B N H Y T R E D F D U
P T X Z S D F G C O O K M N C
U S W E R T Y H U H G D N U U
T A S D C C A M E L E D F Z M
E Q E T C I T Y Z X C W R X B
R C G H R J L M B G M A E O E
P P P O I U C G V C A O S Z R
S D F C V B L X W C G X O D D
D S D F G J K R E G K L I K I
W D F H U K O K G D G D P R N
T C O L O R S M X F B C G D D
J C S G H R H K L B G A D E N
S C H O C O L A T E K H G F S

Word List

Cook	Camel	Colors
Candle	City	Chocolate
Cat	Cucumber	Computer
Chair		

LETTER C

Coloring Page

LETTER D

Word scramble

ermad

reconitdi

cotodr

tead

ecievd

gniardw

vredri

rodo

iksd

ogd

Word List

Doctor	Direction	Disk
Dog	Driver	Date
Door	Device	Drawing
Dream		

LETTER D

Word search

D L C D F D R A W I N G F G Q
O D S D F G H M W T J K L N C
C S D F J K L M V S C S E G U
T X F T R W F H I L H D F H D
O Z S D E F V H J K D X H G I
R Q E G J L G F D C T I O U R
E A S D F E D E X V B N K O E
T Y J G C W O D F G S Z X F C
Q D F H K D O G U D U G F S T
P W E F T Y R O H F R R X S I
Z D F T H B F B J K K I V M O
D E V I C E W D V V V Z V S N
L D H J K L L Q N E S D N E D
J X D F H K S P D F G M V D R
S U E D R E A M N L D I S K W

Word List

Doctor	Direction	Disk
Dog	Driver	Date
Door	Device	Drawing
Dream		

LETTER D

Coloring Page

LETTER E

Word scramble

eraht

ptnahele

telconei

eenvt

ccnomieos

ngeinere

rea

maxe

yees

geg

Word List

Elephant	Eyes	Egg
Ear	Exam	Economics
Election	Engineer	Earth
Event		

LETTER E

Word search

```
V F G T E L E P H A N T D F G
Q R K H K Y U L H J F S X Z W
E B E R F B E K L M B F D X A
R W X S X C D S A J K U L B E
D C A F E E N G I N E E R Z A
G W M E R G J J L B C X G R R
H X D C B S D E V E N T X S T
J J K O P J Y F H F S S F C H
U V F N H F H E K H H G J V V
G B F O R F S C G F H D X O G
R T E M X V G H J G L K H T G
U V B I D S F J K L M H T R W
I P O C Y T E E L E C T I O N
P X Y S O U P W T Y E A R P T
L X C W B N Y R F U T I R E B
```

Word List

Elephant   Eyes   Egg

Ear   Exam   Economics

Election   Engineer   Earth

Event

LETTER E

Coloring Page

LETTER F

Word scramble

lwreof

rtsif

mylifa

fiml

reidnsf

toobalfl

odfo

hsif

rife

oxf

Word List

Fox   Fire   Flower

Food   Fish   Friends

Football   Family   Film

First

LETTER F

Word search

```
W Q E F R I E N D S S D F G D
B F C D G J K T G J K F I K E
B N J K F O X H J L H O D D R
N K L M U I L U T Q E O D X D
M B G V H K L M I O M D Z X F
D F O O T B A L L P I Y H F I
C V G H T E J O K Y F S H F L
X C A W D V G Y U I F I P N M
T Y U T I I F A M I L Y Q W V
G D E D C V F Y U U O Q W E G
R V B F F I K Y B D W C V B G
U Q W D I D C Z X C E F V D W
I N G J U S I Y R E R W D G N
K F I O Y G H N V F H T H E T
Z X D F I R E T Y U F I R S T
```

Word List

<table>
<tr><td>Fox</td><td>Fire</td><td>Flower</td></tr>
<tr><td>Food</td><td>Fish</td><td>Friends</td></tr>
<tr><td>Football</td><td>Family</td><td>Film</td></tr>
<tr><td>First</td><td></td><td></td></tr>
</table>

LETTER F

Coloring Page

LETTER G
Word scramble

rednag

pheoygrag

gdruaaet

rilg

sgaless

fefarig

gaager

emag

tifg

tgsoh

Word List

Garage	Giraffe	Game
Glasses	Geography	Garden
Graduate	Ghost	Gift
Girl		

LETTER G

Word search

```
H  Y  F  E  D  S  C  U  I  G  Q  S  S  V  B
B  N  H  T  G  E  Y  G  R  A  D  U  A  T  E
J  G  F  N  H  D  S  H  D  E  W  Q  D  X  C
G  A  R  A  G  E  M  O  D  F  G  F  S  A  G
T  A  H  W  Q  W  S  S  B  G  E  Q  W  E  L
R  S  K  S  D  R  H  T  G  H  O  T  K  L  A
E  D  L  Q  D  C  F  H  V  C  G  N  X  Z  S
X  F  M  G  I  R  A  F  F  E  R  B  C  D  S
G  H  V  K  N  Z  P  Q  L  W  A  L  J  Y  E
A  I  C  H  H  D  H  G  N  D  P  R  W  E  S
R  L  X  T  J  F  F  C  I  W  H  W  I  P  B
D  P  X  G  T  U  E  V  W  F  Y  S  K  H  G
E  L  W  E  E  I  D  N  Z  M  T  S  R  Q  A
N  U  E  G  I  R  L  Y  A  K  Y  X  F  S  M
L  H  Y  Q  D  O  D  P  Q  N  T  C  V  C  E
```

Word List

Garage	Giraffe	Game
Glasses	Geography	Garden
Graduate	Ghost	Gift
Girl		

LETTER G

Coloring Page

LETTER H
Word scramble

hlteah

aholsipt

rerhugmbu

eroh

onyhe

ablanldb

roytihs

edah

emoh

eshor

Word List

Home	Humburger	Hospital
Honey	Handball	Head
Health	Hero	History
Horse		

LETTER H

Word search

```
Z G H F R G V F T H G R H H T
V B H N K L M I Q R U K L O L
S R O T H U Y C B N I L K M Z
H P N I U D W U E H O R S E N
O B E T Y U H U M B U R G E R
S K Y L O U R G D J F S Q R H
P B N C Z X H E A D P L K S H
I W R V B W J O X E I G J O E
T B C Z X D G P T J S G U S A
A B N S E T H O R V E Z D G L
L P W R G D B E N C X W J S T
M G J W F M F E R I E Q X M H
P F N V S H I S T O R Y Z K A
D V H K N Q R J X L J F W D M
H A N D B A L L V K N U J P E
```

Word List

Home	Humburger	Hospital
Honey	Handball	Head
Health	Hero	History
Horse		

LETTER H
Coloring Page

Word scramble

lniasd

xobni

eccreiam

galilel

tdoii

minestturn

loid

ytial

deai

eic

Word List

Ice	Idiot	Idea
Island	Italy	Instrument
Inbox	Ice cream	Idol
Illegal		

LETTER I

Word search

I W E S F K F C J E S F I C E
D V C D J H I N B O X X C B R
I V B I W Q N J X Z Y L M D F
O B T U S W G U P J Q S G I P
T Z C D V L C B H Y R W F T O
P L J N V W A F S G Y S H A B
J U D S H J Y N Q D K M R L F
C C V T H K L E D D Q X E Y Y
K D I C E C R E A M V S W G Y
P Q E S W D G Z C R H I F G Y
C V B T N Y J T Q E Y K D E F
B F R G H E D I D E A B F F X
N X S G M L F R U K L M T K S
I D O L D I L L E G A L A K T
H I N S T R U M E N T X C P E

Word List

Ice	Idiot	Idea
Island	Italy	Instrument
Inbox	Ice cream	Idol
Illegal		

LETTER I
Coloring Page

LETTER J

Word scramble

kejcat

orcekj

lnjuroa

ylerwej

anensj

itceusj

ajzz

esanj

umpj

obj

Word List

Jacket	Jeans	Jazz
Job	Jewelry	Jump
Justice	Journal	Joy
Jocker		

M	N	R	J	A	C	K	E	T	N	V	R	J	O	Y
N	G	G	H	C	V	G	K	U	L	H	F	W	F	G
V	A	H	R	C	J	E	W	E	L	R	Y	Q	S	Q
W	W	J	F	M	J	D	W	D	V	D	Z	S	F	T
K	Q	K	W	C	M	N	V	D	W	J	J	O	P	F
P	N	L	J	B	C	I	T	Y	T	W	O	X	W	N
J	O	C	K	E	R	M	B	D	R	K	B	P	Q	S
C	C	M	Z	M	A	A	D	A	X	H	C	V	B	J
K	V	G	S	V	L	N	S	S	J	X	S	S	X	O
P	B	T	L	B	H	F	S	G	D	U	X	A	S	U
C	F	Q	K	F	F	S	H	J	U	J	M	K	G	R
B	H	A	J	A	Z	Z	D	A	A	S	H	P	N	N
N	W	C	E	F	M	K	S	A	A	X	Z	M	Q	A
I	E	G	T	J	U	S	T	I	C	E	Z	B	R	L
H	C	V	G	J	F	E	I	R	Y	W	Q	T	E	E

Word List

Jacket	Jeans	Jazz
Job	Jewelry	Jump
Justice	Journal	Joy
Jocker		

LETTER J

Coloring Page

LETTER K

puetckh

mkngdio

hnktiec

ooarnkag

laoak

logrmaik

iwki

iefkn

diks

eyK

Word List

Key   Kiwi   Kitchen

Kangaroo   Kilogram   Knife

Kids   Koala   Ketchup

Kingdom

LETTER K

Word search

K E Y N H T G K A N G A R O O
A Z X G F N H L J F D X S S G
M F Q A R A G D K E Q D R H Q
J D E A H W Q V I A A S A S T
F R G S K S D Q T F L K L O U F
K O A L A Q D W C H K U I L N
E S W X E F H U H L M I S W S
T Z W R L F H I E B C Z D D N
C Z X F M P I Y N R W S G S G
H V D W K D I T E H K L O D W
U X S K I L O G R A M B C S K
P X D S T H F E I E O T O E N
P W Q X F J Y K I W I K H T I
S F G T J L E S Z F Y I P O F
H C V G M K I N G D O M E H E

Word List

Key	Kiwi	Kitchen
Kangaroo	Kilogram	Knife
Kids	Koala	Ketchup
Kingdom		

LETTER K
Coloring Page

LETTER L
Word scramble

noil

rdeadl

ihgtl

yriblar

emnol

oppalt

efal

ugahl

inel

gel

Word List

Lemon	Library	Lion
Laptop	Leg	Light
Line	Laugh	Ladder
Leaf		

LETTER L

Word search

```
K N Y N H T G H A D G B R S T
S D F T G J K L L I G H T P O
B N L E I F W D H K X Z W G O
B N E C S E L J U Y E D H E L
L G M T A D A E D Y L M K H M
P Y O E Q D D R C X S I G J G
B N N Y R S D P T E G U O F V
O G R W V E E W C T J E J N R
M S C E V H R W S A X W Z W U
L G T Y E L A P T O P M J U Y
A N M G E F H X W T J E S S L
U V L B F L E A F G L R F W E
G M O P T F H E D W T I D X G
H S L I B R A R Y A D W N E Y
H C V G M F I N G D D N E E E
```

Word List

Lemon	Library	Lion
Laptop	Leg	Light
Line	Laugh	Ladder
Leaf		

LETTER L
Coloring Page

LETTER M

Word scramble

onom

kpeuam

smuemu

knmoye

nginomr

ektrma

thma

sumoe

lkim

tsqiuoom

Word List

Mosquito	Morning	Mouse
Milk	Make up	Math
Monkey	Market	Moon
Museum		

LETTER M

Word search

K M O S Q U I T O N J K L M T
S H N K L O P D W Z C C V Q A
B L R E M I L K W S D T M J L
B T C D W D U G R D E F O E S
L V D E H M I G U F D E N X Z
P C E E U K A P L G E D K K M
B L O P Y F E R W D T U E X O
O X D T W F Y K K Y G H Y C R
M A K E U P N F H E R G B M N
A X E G Y K G D G J T D E F I
T C W F H M J J B M E D W D N
H M V E W D H U Z S O Z S D G
G B O F G M U S E U M U I Y P
H G R O G T E D H S C Y S P T
H C V G N F I N G D D N E E E

Word List

Mosquito	Morning	Mouse
Milk	Make up	Math
Monkey	Market	Moon
Museum		

LETTER M
Coloring Page

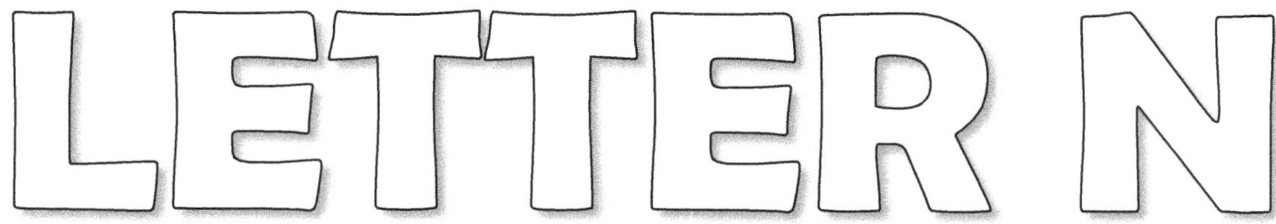

LETTER N

Word scramble

sten

janin

thgin

epaerpwsn

nceklcea

sreun

enin

ohntr

osen

ewn

Word List

Night	New	Nurse
Nose	Necklace	North
Nest	Nine	Newspaper
Ninja		

LETTER N

Word search

K A N E S T B Q P N J K L M T
N N U R S E N E F Z C C V Q A
B L G N E W S P A P E R O R L
B T E O C I S D R F A U E R S
L V W U R R E S W R S T U D Z
P C S R N W S X D N F E G A N
B L G F D E Z Z F D O S D D I
O X J S C X W G T C V S I O G
P A I D X X A J W S X J E G H
K X O C V A Z I W I W G H E T
T C H W Y Z N I N J A F V D N
L M S U U Z A U D T I D A K O
G B P N E C K L A C E S F M R
H G R O G T E D H S C Y S P T
H C V G N I N E P P O O J E H

Word List

Night

New

Nurse

Nose

Necklace

North

Nest

Nine

Newspaper

Ninja

LETTER N

Coloring Page

Word scramble

lio

niono

rngeo

ceofif

cotpuso

linone

xo

lvieo

wlo

dlo

Word List

Orange	Old	Owl
Olive	Oil	Onion
Office	Ox	Online
Octopus		

LETTER O

Word search

O X E S W Z F H O L I V E M T
B N H R O L W S F Y J T V Q A
X C V F G N H J O H Y R O R L
B N J G R I O O N L I N E R S
F O R T Y E D G I K L U U D Z
I R U P O H D W O B N R G A U
C A Q E S D G C N V G H D D I
O N D E A W S O W L C V I O G
B G Y O S D E S G U I Y E G H
N E H T F D X A D C B N H E O
P I G R J F H W S D T M V D F
S M H R D Q S X Z A E T A K F
T R W S G O L D K I G E F M I
Z S W F J H T S I T W D S P C
H C V G O I L G H P O O J E E

Word List

Orange	Old	Owl
Olive	Oil	Onion
Office	Ox	Online
Octopus		

LETTER O

Coloring Page

LETTER P

Word scramble

enp

erpfmue

zezlup

clienp

ctreupi

nehop

csichyp

azizp

teopats

gnkirap

Word List

Perfume   Physics   Picture

Pen   Pencil   Pizza

Phone   Parking   Potatoes

Puzzle

LETTER P
Word search

```
P E R F U M E D F R P W D P N
M T S D R F H V B G O N H H R
Z X E X Q W E F D H T H R Y G
I U R F W D G W D G A D W S X
W P E N C I L E R T T N B I F
J G D R E W A C H I O O R C X
R T Y I P O U R D W E V B S Y
P A R K I N G B N T S Z X E P
U R W Q S I O P C A P N M J H
C V B N H M K H P R J E F Y O
Z X E T H K I T B I N J N Y N
P I C T U R E B N G Z C S D E
R T Y D W D H K O L H Z K O U
X S F H A B D E S G Y H A O T
H C P U Z Z L E M F E O J E E
```

Word List

Perfume   Physics   Picture

Pen   Pencil   Pizza

Phone   Parking   Potatoes

Puzzle

LETTER P
Coloring Page

LETTER Q

Word scramble

q

kmqarotesu

neuuq

uiteq

inousetq

ziuq

q

kuacq

rtqurea

rnaquatnie

Word List

Queen   Question   Quiz

Quiet   Quotes mark   Quack

Quarter   Quarantine

Q

LETTER Q

Word search

Q U O T E S M A R K Z E Q D N
M A D Q E D D F E F U J U S R
Z S F S Q Q R F E G J H I C G
I X F Q F U R V E H K H E X X
W C T A T W E C R J I G T V F
J F Y Q G X Y S T K O N H B X
R F Y W H C Y V T L P J Y N Y
P Q T X H V G B Y I P P U H Q
U F U C H C V N Y L O K U J U
C Q U A R A N T I N E N U I E
Z F T V C C V N Y L P M I O E
P F G B H K V K U O P P O O N
R G K K K O L J U Q U I Z L G
X P P M I J K L U H T G G K L
H C Q U A R T E R F E O J E E

Word List

Queen	Question	Quiz
Quiet	Quotes mark	Quack
Quarter	Quarantine	Q
Q		

LETTER Q

Coloring Page

LETTER R

Word scramble

moro   ☐☐☐☐

tuaantersr   ☐☐☐☐☐☐☐☐☐☐

gnir   ☐☐☐☐

ordai   ☐☐☐☐☐

rdocer   ☐☐☐☐☐☐

doar   ☐☐☐☐

tibrab   ☐☐☐☐☐☐

erad   ☐☐☐☐

owranbi   ☐☐☐☐☐☐☐

pieecr   ☐☐☐☐☐☐

Word List

Rainbow	Room	Road
Radio	Recipe	Record
Restaurant	Ring	Read
Rabbit		

LETTER R

Word search

```
Q R A I N B O W B N T E R U N
M Y R E W S F H J U N B O C S
Z R V C X E R T U O I P O B N
I O V B N H R Z S D F G M B R
W A B N H H Y E R V W U I E E
J D O P T R E C C I W Q S D S
R N B F C S D E R I N G B N T
P M J U T D H S W R P N H J A
U B N H M K G I P F T E B G U
C Z F G R E W Q T Y U I O P R
Z R E C O R D B N H X S F H A
P U Y R E Y C T R Y S G J E N
R B N M K R A D I O N M K G T
X X S D F T H U I P I H G E W
R A B B I T V G H R E A D D E
```

Word List

Rainbow	Room	Road
Radio	Recipe	Record
Restaurant	Ring	Read
Rabbit		

LETTER R

Coloring Page

LETTER S

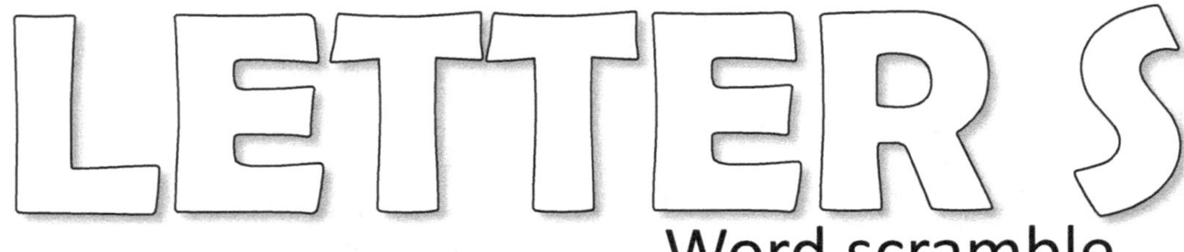

Word scramble

uns

ryersawtb

imles

kesna

loohsc

ophs

tuyds

hosw

mllas

keans

Word List

School   Strawberry   Sun

Smile   Shop   Snake

Study   Snowy   Show

Small

LETTER S

Word search

```
A V C B S N O W Y D T U I O S
M W E R T Y S D F S V B N J C
Z M S M A L L M N H B F T Y H
I Z X D W E R T H O O U G F O
W C D R H J I K O P P H J K O
J S N A K E F R T S D E F C L
R V B N T M J K L Z X E W Q A
P V B N U P I Y G D C S E B N
U M G G S M I L E X C V D E R
C S T Y U I O P X B N H B H J
Z H V B N M S B H A S W S B H
P O P O T R F T T G H J U U B
R W X C V B G H U J U P O M N
X Z X S F E R G S D A S E V G
S T R A W B E R R Y Y M D D E
```

Word List

School	Strawberry	Sun
Smile	Shop	Snake
Study	Snowy	Show
Small		

LETTER S

Coloring Page

Word scramble

wot

rruersot

igert

couht

enints

ete

rstith

rtee

wints

heartce

Word List

Tiger   Tennis   Teacher

Touch   Twins   Tee

Tree   Trousers   T-shirt

Two

LETTER T

Word search

```
A T Y B T E N N I S B D S H Y
M U I K H B D A S E Z X D Q E
S D T I G E R O P T D G H J K
T L M N B F R D T W O R E D S
E T E D W D F T R F W F G T Y
A V B N H M J T I K G E G W O
C C V F X Z F C O J K L M I C
H X D F R T B N H U M K U N R
E W R Q A E R D C W C B N S M
R B V E A Q E E F C V H B V X
P O U H R F W R E V X E Y U I
U J K I O B N M I Z S E W E Z
O H J I O P T R O U S E R S S
T E E B N M J K Y R U F O E F
S C X Z S D T S H I R T D D E
```

Word List

Tiger	Tennis	Teacher
Touch	Twins	Tee
Tree	Trousers	T-shirt
Two		

LETTER T
Coloring Page

LETTER U

Word scramble

ruinfom

rlelmbau

nredu

resitnyuvi

dienut

pu

dapteu

yugl

lnecu

inroucn

Word List

Up	Uncle	Umbrella
United	Ugly	Unicorn
Uniform	Under	University
Update		

LETTER U
Word search

```
H U Y F Y U N I V E R S I T Y
E R E U W Q A D C D G B N B E
O D X D P L K Y H F D S A E K
U B N H N F T M J K U T D E S
N N H J T D E Z U N C L E V F
I F G U F G T R E S W R V X D
F B N N F E D Y U T S U V B U
O N M D M K H F R D S P B F M
R B N E D F R U M K L D W Q B
M A Q R B G H J G T S A E R R
C V F N H J K Y U L Y T O P E
M U N I C O R N B N Y E H T L
Z S D R E W Q S F Y H F E F L
N M J F D R S S T Y U E W F A
S C B U N I T E D R E T D D E
```

Word List

<table>
<tr><td>Up</td><td>Uncle</td><td>Umbrella</td></tr>
<tr><td>United</td><td>Ugly</td><td>Unicorn</td></tr>
<tr><td>Uniform</td><td>Under</td><td>University</td></tr>
<tr><td>Update</td><td></td><td></td></tr>
</table>

LETTER U
Coloring Page

LETTER V

Word scramble

nlliava

ortyivc

dioev

onitrabiv

ordvne

ocvalaubyr

vcitmi

belsgveeat

lival

hcileve

Word List

Vegetables   Vanilla   Vehicle

Vendor   Vibration   Victim

Victory   Villa   Video

Vocabulary

LETTER V

Word search

Z R F D C V A N I L L A X W Y
Q Z V D F R Y U J H V G Y H V
J K K I K J U N B V I X W S E
X S Q Q D X Z E R T C T T X G
X C S X X E X C S A T Z Z D E
D D X Z Q C O F V D O Z X C T
X S Q D F V C X Z D R Z Z X A
X V O C A B U L A R Y U I O B
O I K H Y H G J U O M L V N L
V N G H T Y T Y U I O P I L E
E L V I B R A T I O N O C L S
N L C X S Z E R T F D C T X W
D X Z A E D V I L L A X I C S
O D E R S X W C F T Y U M U O
R P L I K J U V E H I C L E E

Word List

Vegetables	Vanilla	Vehicle
Vendor	Vibration	Victim
Victory	Villa	Video
Vocabulary		

LETTER V
Coloring Page

Word scramble

rlowd   ☐☐☐☐☐

mnaow   ☐☐☐☐☐

rowm   ☐☐☐☐

ywa   ☐☐☐

ninerw   ☐☐☐☐☐☐

dingdew   ☐☐☐☐☐☐☐

etharwe   ☐☐☐☐☐☐☐

ritngwi   ☐☐☐☐☐☐☐

odow   ☐☐☐☐

hcrnwe   ☐☐☐☐☐☐

Word List

Way	Wedding	Winner
World	Wood	Woman
Wrench	Worm	Writing
Weather		

LETTER W

Word search

```
T G D C X S X W O M A N C V B
X W I N N E R C V S D D D C V
V X X W C W S D F B W H T Y U
J I K I A K U U X X E D Z E F
F G T N H Y R D T G A R E D F
G H J N U I K K K X T X X S D
E X F E R T Y U I K H O O O P
P X W R E N C H X S E S X S S
E R T G F V C H J U R I K W L
L O P T D F V B N U O P P R X
X D F L E R R T U I U Y Y I U
O O R I H J W O R M X X D T Y
Y O Y Y U J J O N V B U Y I X
W X X X E R T Y O U P I M N L
L N B G U J Y H G D F R D G D
```

Word List

Way	Wedding	Winner
World	Wood	Woman
Wrench	Worm	Writing
Weather		

LETTER W

Coloring Page

THANKS

Thank you for purchasing this book. Your support and trust in us are much appreciated!